BEI GRIN MACHT SICH IHR
WISSEN BEZAHLT

AF145629

- Wir veröffentlichen Ihre Hausarbeit,
  Bachelor- und Masterarbeit

- Ihr eigenes eBook und Buch -
  weltweit in allen wichtigen Shops

- Verdienen Sie an jedem Verkauf

Jetzt bei www.GRIN.com hochladen
und kostenlos publizieren

Bibliografische Information der Deutschen Nationalbibliothek:

Die Deutsche Bibliothek verzeichnet diese Publikation in der Deutschen National-bibliografie; detaillierte bibliografische Daten sind im Internet über http://dnb.d-nb.de/ abrufbar.

Impressum:

Copyright © 2017 GRIN Verlag
Druck und Bindung: Books on Demand GmbH, Norderstedt Germany
ISBN: 9783668643185

Dieses Buch bei GRIN:

https://www.grin.com/document/388891

Arno Peise

Traningslehre II. Analyse und Makrozyklusplanung im Ausdauersport

GRIN Verlag

GRIN - Your knowledge has value

Der GRIN Verlag publiziert seit 1998 wissenschaftliche Arbeiten von Studenten, Hochschullehrern und anderen Akademikern als eBook und gedrucktes Buch. Die Verlagswebsite www.grin.com ist die ideale Plattform zur Veröffentlichung von Hausarbeiten, Abschlussarbeiten, wissenschaftlichen Aufsätzen, Dissertationen und Fachbüchern.

Besuchen Sie uns im Internet:

http://www.grin.com/

http://www.facebook.com/grincom

http://www.twitter.com/grin_com

Deutsche Hochschule für

Prävention und Gesundheitsmanagement

Hermann Neuberger Sportschule 3

66123 Saarbrücken

Einsendeaufgabe

Fachmodul: Trainingslehre II

Studiengang: Gesundheitsmanagement

Datum
Präsenzphase   **11.12.2017 - 13.12.2017**

Name, Vorname: Peise, Arno

Studienort: **Hamburg**

Semester: **WS 2016**

Inhaltsverzeichnis

1 Diagnose

Im Folgenden wird der Gesundheits- und Leistungsstatus einer Testperson dargestellt. Eine Bewertung erfolgt mit Hilfe eines Ausdauertests auf dem Fahrradergometer auf Grundlage allgemeiner und biometrischer Daten.

1.1 Allgemeine und biometrische Daten

In der nachstehenden Tabelle finden sich die allgemeinen und biometrischen Daten der ausgewählten Testperson wieder.

Tabelle 1: Allgemeine und biometrische Daten (eigene Darstellung)

Alter	26 Jahre		
Geschlecht	weiblich		
Körpergröße	182 cm		
Körpergewicht	72 kg		
BMI	21,74 kg/m²		
Körperfettanteil	36%		
Trainingsmotive	Verbesserung der Fitness und Ausdauer durch Joggen, präventives Herz-Kreislauf Training		
Berufliche Tätigkeit	Mediengestalterin, 40h Stunden pro Woche (sitzende Tätigkeit)		
Sportliche Aktivität	Schulsport (1997 - 2011)	Leistung: niedrig	2 mal pro Woche 90 Minuten
	Joggen (2014 - 2015)	Leistung: Anfänger	1 mal pro Woche 60 Minuten
	Kraftsport 2016 – Anfang 2017	Leistung: Anfänger	2 mal pro Woche 60 Minuten
Verfügungszeit	Montag, Mittwoch, Freitag 60 Minuten		
Blutdruck	141/94 mmHg		
Ruhepuls	75 Schläge/Minute		
Orthopädische Probleme	vorgebeugte Körperhaltung, Schultern vorgezogen (ärztliche Unbedenklichkeit liegt vor)		
Internistische Probleme	Hypertonie Stufe I		
Ärztliche Behandlungen	keine		
Medikamente	keine		
Gesundheitliche Einschränkungen	Unregelmäßig auftretende Rückenschmerzen		

Der Blutdruck von 141/94 mmHg wurde mit Hilfe einer Blutdruck-Oberarm-Manschette gemessen. Entsprechend der Blutdruckklassifikationen nach anerkannten wissenschaftlichen Studien liegt eine Hypertonie Stufe I bei der Testperson vor (Lüscher, & Steffel, 2014, S. 36). Die Hypertonie Stufe I stellt einen Risikofaktor für Herz-Kreislauf-Erkrankungen dar.

Tabelle 2: Blutdruckklassifikationen (modifiziert nach Lüscher & Steffel, 2014, S. 36)

Kategorie	Systolisch in mmHg	Diastolisch in mmHg
Ideal	<120	<80
Normal	120-129	80-84
Hochnormal	130-139	85-89
Hypertonie Stufe I	140-159	90-99
Hypertonie Stufe II	160-179	100-109
Hypertonie Stufe III	>179	>109

Der Ruhepuls der Testperson lieht mit 75 Schlägen pro Minute in einem normalen Bereich (Ziegenfuß, 2014, S. 279). Nachfolgende Tabelle veranschaulicht diese Normwerte des Ruhepulses.

Tabelle 3: Ruhepulsklassifikationen (eigene Darstellung nach Ziegenfuß, 2014, S. 279)

Kategorie	Pulsschläge pro Minute
ausgeprägte Bradykardie	< 40
Bradykardie	40-59
Normalwert	60-90
Tachykardie	91-150
ausgeprägte Tachykardie	> 150

1.2 Leistungsdiagnostik/Ausdauertest

Zur Erfüllung der Profilkriterien eines Ausdauertests wurde ein submaximaler Stufentest durchgeführt. Die Eigenschaften der Ausdauerfähigkeit per Definiton waren für die Wahl ausschlaggebend (Grosser, Starischka & Zimmermann, 2008, S. 110). Zur Bestimmung des aktuellen Leistungsstandes der Testperson wurde der WHO-Test auf dem Fahrradergometer gewählt (Eifler & Kettenis, 2017, S. 70). Dieser ist speziell für untrainierte Menschen, wie die Testperson, aufgrund der kurzen Belastungsdauer von zwei Minuten Intervallen, geeignet. Ein Test auf dem Fahrrad ist grundsätzlich aufgrund der exakten Dosierbarkeit und der Reproduzierbarkeit von Vorteil. Bei Trainingsanfängern wie der Testperson ist dieser aufgrund des geringen koordinativen Aufwandes und der wissenschaftlich vergleichbaren Normwerte ideal. Es lässt sich anhand der Ergebnisse ein interindividueller Vergleich durchführen und mit Hilfe der Testauswertung eine Trainingsempfehlung ableiten. Aufgrund der Hypertonie Stufe I wurde die Person während des Tests durchgängig beobachtet und ein Augenmerk auf mögliche Abbruchkriterien gelegt. Kontraindikationen sind nicht vorhanden.

Nach Festlegung der Voreinstufung der Zielherzfrequenz, auf Grundlage des Lebensalters und der Trainingshäufigkeit ausdauerrelevanter Aktivitäten, ergeben sich folgende Testergebnisse und Grunddaten (IPN, 2004, S. 4).

Tabelle 4: Testergebnisse (eigene Darstellung)

WHO-Test auf dem Radergometer			
Stufendauer: 2 Minuten	Eingangsbelastung: 25 Watt	Pulsobergrenze: 145 S/min	Trittfrequenz: 60-80 U/min
Zeit in Minuten	Leistung in Watt	Herzfrequenz 1 in S/min	Herzfrequenz 2 in S/min
1-2	25	89	94
3-4	50	105	106
5-6	75	122	124
7-8	100	139	142
9-10	125	157	-
Watt Gesamt	**113**		
Watt/Kg	**1.57**		

Aus dem Test ergibt sich eine relative Leistung von 1,57 Watt pro Kilogramm Körpergewicht. Anhand der Normtabelle für submaximale Radergometertests ergibt sich eine unterdurchschnittliche Bewertung bei einer Intensität von **0.58** bei der Testperson (IPN, 2004, S. 8).

1.3 Gesundheits- und Leistungsstatus der Person

In Bezug auf die Belastbarkeit sind aus gesundheitlicher Sicht kaum Einschränkungen gegeben. Die Rückenschmerzen wurden ärztlich untersucht, sind unspezifisch und stellen keine Einschränkung für ein Ausdauertraining dar. Gleiches gilt für die vorgebeugte Körperhaltung. Diese ist auf die vorwiegend sitzende berufliche Tätigkeit zurückzuführen. Alter, Geschlecht und Ruhepuls sind ebenfalls kein Hindernis für ein aktives Ausdauertraining. Die Hypertonie Stufe I lässt sich in diesem Zusammenhang ebenfalls nicht als Kontraindikator identifizieren, sollte jedoch bei der Gestaltung und Wahl der Trainingsmethoden berücksichtigt werden. Auch in Hinblick auf die Trainierbarkeit sollte die Hypertonie Stufe I entsprechend bei der Planung nicht vernachlässigt werden. Aus gesundheitlicher Sicht ist eine gute Belastbarkeit und Trainierbarkeit bei der Testperson gegeben.

Der Leistungszustand hingegeben zeigt erste Grenzen bei der Belastbarkeit auf. Bereits bei vergleichsweise niedrigen Intensitäten wurde die Pulsobergrenze im entsprechenden Test erreicht. Trainingsintensitäten mit Ausbelastung sollten vorerst vermieden werden um das Herz-Kreislauf-System nicht zu überfordern und die Verletzungsgefahr im Training zu minimieren. Erst nach Adaptationen der beteiligten Organe, dem Blut und der Skelettmuskulatur können steigende Intensitäten und ein größeres Trainingsvolumen in Betracht gezogen werden. Bereits niedrige Intensitäten können bei der Testperson einen überschwelligen Trainingsreiz setzen und eine entsprechende Anpassung fördern. Der durchgeführte Test kann zur Leistungsentwicklung intraindividuell mit entsprechenden Abständen erneut genutzt werden um Erfolge festzustellen und Trainingsempfehlungen im Ausdauertraining anzupassen.

Es empfiehlt sich aufgrund des Gesamteindrucks der Testperson die sportliche Belastbarkeit und Unbedenklichkeit von einem Facharzt feststellen zu lassen.

2   Zielsetzung und Prognose

Auf Grundlage der biometrischen Daten wurden drei relevante Ziele für die Testperson festgelegt.

Tabelle 5: Relevante Ziele der Testperson (eigene Darstellung)

Inhalt	Ausmaß	Zeit
Verbesserung der Ergebnisse des WHO-Tests nach der IPN Methode auf dem Radergometer	Intensitätssteigerung von 0,58 auf 0,61 (IPN, 2004, S. 8)	8 Wochen
Ruheherzfrequenz senken	6 Schläge pro Minute	12 Wochen
Blutdrucksenkung	Systolisch 10 mmHg Diastolisch 5 mmHg	16 Wochen

Begründung Ziel 1:

Die Testperson gab als Trainingsmotiv die Verbesserung der Fitness an. Dies wird im ersten Ziel verdeutlicht. Die Steigerung der Leistung im submaximalen Stufentest soll als Indikator für eine gesteigerte Ausdauerleistung dienen. Im Test wurde eine unterdurchschnittliche Leistung erzielt welche bis in den durchschnittlichen Bereich gesteigert werden soll. Eine gute Ausdauerleistung ist die wichtigste Grundlage für eine stetige Steigerung der Fitness und hilft auch im beruflichen Alltag stressigen Situationen durch eine bessere Belastbarkeit gerecht zu werden. Zudem können Rückenbeschwerden verringert werden, an welchen die Testperson bereits durch die berufliche Situation leidet (Robert Koch Institut, 2003, S. 3). Ausreichend körperliche Aktivität geht zudem mit einer höheren Lebenserwartung einher. Das gewählte Ziel wird demnach ebenfalls dem Trainingsmotiv des präventiven Herz-Kreislauf Trainings gerecht.

Begründung Ziel 2:

Die Senkung der Ruheherzfrequenz ist als untergeordnetes Ziel anzusehen, da hier keine Grenzwerte überschritten wurden. Mit dessen Reduzierung geht eine gleichzeitige Erhöhung des Schlagvolumens einher. So ist die Testperson in stressigen Situationen durch eine stärkere Herzmuskulatur belastbarer und leistungsfähiger. Zudem entlastet eine Ökonomisierung der Herz-Kreislauf-Funktion das Herz nicht nur beim Sport, sondern auch im Alltag. Die Effekte sprechen für das Trainingsmotiv einer besseren Fitness und dem präventiven Herz-Kreislauf Training.

Das langfristigste Trainingsziel stellt sich ebenfalls als biometrischer Parameter dar. Die Hypertonie Stufe I ist ein Risikofaktor für das Herz-Kreislauf System. Eine Senkung zur Verbesserung des Gesundheitszustandes der Person ist mit Bezug auf das genannte Trainingsmotiv eines präventiven Herz-Kreislauf Trainings sinnvoll. Bluthochdruck kann im Laufe der Zeit zu Arteriosklerose führen. Mögliche Folgeerkrankungen sowie chronisch degenerative Krankheiten sollten durch den Ausschluss von Risikofaktoren vermieden werden. Eine Senkung des Ruheblutdrucks von 5 mmHg kann das Schlaganfallrisiko bereits um ca. 40% senken (Eifler, 2016, S. 281). Im gewählten Zeitfenster ist eine Reduzierung von 10 mmHg systolisch und 5 mmHg diastolisch realistisch um den Wechsel von Hypertonie Stufe I in den hochnormalen Blutdruck gemäß Tabelle 2 zu realisieren.

3 Trainingsplanung Mesozyklus

Um die herausgestellten Ziele zu erreichen und den Trainingsmotiven gerecht zu werden wird folgend eine angepasste Trainingsplanung für die Testperson vorgestellt.

3.1 Groblanung Mesozyklus

Die nachfolgende Tabelle enthält die grundsätzlichen Informationen für den ersten Mesozyklus und dient als Vorgabe für die Detailplanung der jeweiligen Trainingswochen. Zur Berechnung der Intensität wurde eine Hf_{max} von 194 S/min zu Grunde gelegt.

Tabelle 6: Mesozyklus I (eigene Darstellung)

Mesozyklus I – 6 Wochen	
Dauer des Zyklus	6 Wochen
Trainingsziel	Aufbau und Stabilisierung der Grundlagenausdauer (GA1)
Trainingsumfang pro Woche	50-105 min
Trainingsmethode	Extensive Dauermethode
Intensität von Hf_{max}	60-65 %
Häufigkeit pro Woche	2-3 mal
Trainingsdauer	20-35 min
Trainingsgeräte	Laufband

3.2 Detailplanung Mesozyklus

Tabelle 7: Woche 1 - Mesozyklus I (eigene Darstellung)

Woche 1		
Trainingstag	Montag	Freitag
Trainingsziel	Aufbau Grundlagenausdauer (GA1)	Aufbau Grundlagenausdauer (GA1)
Trainingsmethode	Extensive Dauermethode	Extensive Dauermethode
Intensität von Hf_{max}	60-65 %	60-65 %
Pulsgrenzen	116-126 Schläge pro Minute	116-126 Schläge pro Minute
Trainingsdauer	25 min	25 min
Trainingsgerät	Laufband	Laufband

Tabelle 8: Woche 2 - Mesozyklus I (eigene Darstellung)

Woche 2		
Trainingstag	Montag	Freitag
Trainingsziel	Aufbau Grundlagenausdauer (GA1)	Aufbau Grundlagenausdauer (GA1)
Trainingsmethode	Extensive Dauermethode	Extensive Dauermethode
Intensität von Hf_{max}	60-65 %	60-65 %
Pulsgrenzen	116-126 Schläge pro Minute	116-126 Schläge pro Minute
Trainingsdauer	25 min	25 min
Trainingsgerät	Laufband	Laufband

Tabelle 9: Woche 3 - Mesozyklus I (eigene Darstellung)

Woche 3			
Trainingstag	Montag	Mittwoch	Freitag
Trainingsziel	Aufbau/ Stabilisierung Grundlagenausdauer (GA1)	Aufbau/ Stabilisierung Grundlagenausdauer (GA1)	Aufbau/ Stabilisierung Grundlagenausdauer (GA1)
Trainingsmethode	Extensive Dauermethode	Extensive Dauermethode	Extensive Dauermethode
Intensität von Hf_{max}	60-65 %	60-65 %	60-65 %
Pulsgrenzen	116-126 Schläge pro Minute	116-126 Schläge pro Minute	116-126 Schläge pro Minute
Trainingsdauer	20 min	20 min	20 min
Trainingsgerät	Laufband	Laufband	Laufband

Tabelle 10: Woche 4 - Mesozyklus I (eigene Darstellung)

Woche 4			
Trainingstag	Montag	Mittwoch	Freitag
Trainingsziel	Aufbau/ Stabilisierung Grundlagenausdauer (GA1)	Aufbau/ Stabilisierung Grundlagenausdauer (GA1)	Aufbau/ Stabilisierung Grundlagenausdauer (GA1)
Trainingsmethode	Extensive Dauermethode	Extensive Dauermethode	Extensive Dauermethode
Intensität von Hf_{max}	60-65 %	60-65 %	60-65 %
Pulsgrenzen	116-126 Schläge pro Minute	116-126 Schläge pro Minute	116-126 Schläge pro Minute
Trainingsdauer	25 min	25 min	25 min
Trainingsgerät	Laufband	Laufband	Laufband

Tabelle 11: Woche 5 - Mesozyklus I (eigene Darstellung)

Woche 5			
Trainingstag	Montag	Mittwoch	Freitag
Trainingsziel	Aufbau/ Stabilisierung Grundlagenausdauer (GA1)	Aufbau/ Stabilisierung Grundlagenausdauer (GA1)	Aufbau/ Stabilisierung Grundlagenausdauer (GA1)
Trainingsmethode	Extensive Dauermethode	Extensive Dauermethode	Extensive Dauermethode
Intensität von Hf_{max}	60-65 %	60-65 %	60-65 %
Pulsgrenzen	116-126 Schläge pro Minute	116-126 Schläge pro Minute	116-126 Schläge pro Minute
Trainingsdauer	30 min	30 min	30 min
Trainingsgerät	Laufband	Laufband	Laufband

Tabelle 12: Woche 6 - Mesozyklus I (eigene Darstellung)

Woche 6			
Trainingstag	Montag	Mittwoch	Freitag
Trainingsziel	Aufbau/ Stabilisierung Grundlagenausdauer (GA1)	Aufbau/ Stabilisierung Grundlagenausdauer (GA1)	Aufbau/ Stabilisierung Grundlagenausdauer (GA1)
Trainingsmethode	Extensive Dauermethode	Extensive Dauermethode	Extensive Dauermethode
Intensität von Hf_{max}	60-65 %	60-65 %	60-65 %
Pulsgrenzen	116-126 Schläge pro Minute	116-126 Schläge pro Minute	116-126 Schläge pro Minute
Trainingsdauer	35 min	35 min	35 min
Trainingsgerät	Laufband	Laufband	Laufband

3.3 Begründung zum Mesozyklus

Begründung zum Belastungsumfang:

Der Belastungsumfang wurde zu Beginn aufgrund der geringen Vorerfahrung mit 50 Minuten pro Woche angesetzt. Die Trainingshäufigkeit des Mesozyklus richtet sich nach dem Verfügungszeitraum der Testperson und umfasst maximal drei Trainingseinheiten pro Woche. Das Trainingsmotiv eines präventiven Herz-Kreislauf-Trainings steht hierbei im Mittelpunkt. Durch eine Steigerung der körperlichen Aktivität kann das Herzinfarktrisiko maßgeblich gesenkt werden (Paffenbarger, Wing & Hyde, 1978, S. 161-175). Zudem treten weitere Positiveffekte, wie die Absenkung der Ruheherzfrequenz und des Blutdrucks, bei kontinuierlichem Training, mit dem gewählten Umfang auf (Kindermann et al., 2003).

Begründung zu den Trainingsmethoden:

Da es sich bei der Testperson um einen Trainingsanfänger handelt, ist zu Beginn ein Aufbau der GA1 notwendig. Die extensive Dauermethode eignet sich hierfür ideal (Neumann et al., 2007; Hottenrott, 2006). Die ausschließlich aerobe Stoffwechsellage ermöglicht eine Steigerung der aeroben Kapazität und Leistungsfähigkeit sowie eine bessere Kapazität zur Energiebereitstellung aus Fetten (Sidossis, Wolfe & Coggan, 1998, S. 513). Die gewählte Methode ermöglicht ebenfalls eine höhere Trainingshäufigkeit, welche das gewählte Ziel, die Senkung der Hypertonie Stufe I, optimal unterstützt (Kindermann et al., 2003).

Begründung zu den Trainingsbereichen:

Über den kompletten Mesozyklus wird mit einer Intensität von 60-65% der Hf_{max} trainiert. Dieser Trainingsbereich erfüllt das Prinzip des trainingswirksamen Reizes (ACSM, 1998, S. 975; Pollock, Gaesser & Butcher, 1989, S. 975). Im Fitness- und Gesundheitssport ist diese Intensität bezogen auf das Trainingsmotiv der Zielperson (präventives Herz-Kreislauf Training) förderlich (Hottenrott, 1997, 2006; Neumann et al., 2007, S. 131). Dem Trainingsmotiv, zur Steigerung der allgemeinen Fitness und Ausdauer, wird der Trainingsbereich ebenfalls gerecht. Regelmäßiges Ausdauertraining erhöht die Anzahl und die Dichte an Mitochondrien, welche für die Fettsäureoxidation zuständig sind (Froböse, 2005; Häcker & Reichert, 1994, S. 175-187; Hollmann & Hettinger, 2000; Kindermann, 1983, S. 14-27). Zudem kann mit moderater Intensität der Blutdruck genauso effektiv gesenkt werden wie mit einem Training höherer Hf$_{max}$ (Skinner, 2001, S.212).

Begründung der Bewegungsformen:

Da die Testperson die Steigerung der Fitness durch das Joggen als Trainingsmotiv angegeben hat, wurde ausschließlich diese Bewegungsform gewählt. Sie ist trotz der Einstufung als Anfänger aufgrund der Vorerfahrung mit der Lauftechnik und dem Laufband vertraut. Die Bewegungsform eignet sich besonders für Hypertoniker. Aufgrund der dynamischen Muskelarbeitsweise bei großer Muskelgruppenbeteiligung unter geringem Krafteinsatz ist das Joggen eine ideale Bewegungsform für die Testperson.

Begründung zur Belastungsprogression:

Im Rahmen einer progressiven Belastungssteigerung wurde auf Grundlage der methodischen Grundsätze für Ausdauertraining die Häufigkeit vor der Belastungsdauer angepasst. Da die Zielperson als Anfänger im Ausdauertraining eingestuft wurde, wird im ersten Mesozyklus die Intensität konstant gehalten um einen optimalen Aufbau der Grundlagenausdauer zu gewährleisten. Folgende Abbildung verdeutlicht den wöchentlichen Trainingsumfang und stellt die Belastungssteigerung grafisch dar.

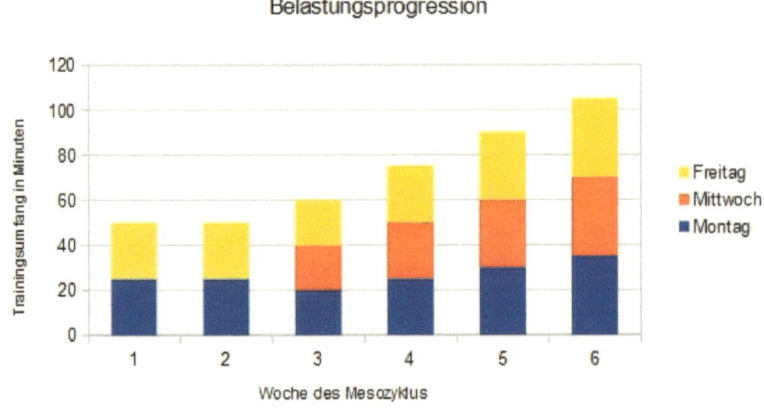

Abbildung 1: Belastungsprogression im Mesozyklus I (eigene Darstellung)

4 Literaturrecherche

Tabelle 13 umfasst die Informationen zur folgenden wissenschaftlichen Studie:
Wirksamkeit eines ambulanten Bewegungsprogramms mit adipösen Erwachsenen
(Schaar, Thiele & Moos, 2006).

Tabelle 13: Studie 1- Effekte des Ausdauertrainings bei Übergewicht (eigene Darstellung)

Bezeichnung der Studie	Wirksamkeit eines ambulanten Bewegungsprogramms mit adipösen Erwachsenen
Autoren	Bettina Schaar, Corina Thiele & Jochem Moos
Jahr der Publikation	2006
Stichprobe	Experimentalgruppe (VG) Geschlechter: 4 Männer, 5 Frauen Alter: 42,9±13,0 Jahren Körpergröße: 177,9±9,0 cm Gewicht: 117,4±24,5kg BMI: 36,8±4,8 kg/m² Kontrollgruppe (KG) Geschlechter: 3 Männer, 5 Frauen Alter: 40,5±13,4 Jahren Körpergröße: 177,6,9±10,3 cm Gewicht: 68,7±13,0kg BMI: 21,6±1,9 kg/m²
Aufbau	Innerhalb von 16 Wochen wurden 24 betreute und 24 selbstständige Trainingseinheiten in beiden Gruppen durchgeführt. Wöchentlich wurde drei mal 90 Minuten mit einem Ausdaueranteil von 60 Minuten trainiert. Im Zeitraum wurde ein Herzfrequenz gesteuertes Ausdauertraining mit Nordic Walking, Aquajogging und Fahrradfahren absolviert. Die Intensitäten wurden individuell gestaltet. Mittels Labortestung vor und nach der Treatmentphase wurden Laufband- Fahrradergometrie und Grundumsatzmessungen durchgeführt. Über den kompletten Zeitraum wurde das Körpergewicht kontinuierlich kontrolliert.
Ergebnisse	Ergebnis: In beiden Gruppen hat sich die Ausdauerleistungsfähigkeit erhöht. Das Körpergewicht blieb in beiden Gruppen konstant. Bei der fahrradergometrischen Messung wurde eine ähnlich hohe physiologische und metabolische Leistungsfähigkeit in beiden Gruppen erzielt. Bei der Laufbandergometrie erreichte die VG wesentlich geringere Leistungen. Gleiches gilt für das Training beim Aquajogging. Schlussfolgerung: Ausdauertraining kann einen positiven Einfluss auf die Reduktion von Zivilisationskrankheiten durch Erhöhung der Ausdauerleistung haben. Ausschließliches Ausdauertraining über den untersuchten Zeitraum kann das das Körpergewicht unabhängig vom Ausgangsgewicht stabilisieren. Das erhöhte Körpergewicht gilt in der Studie als limitierender Faktor beim Laufbandtraining und beim Aquajogging.

Tabelle 14 umfasst die Informationen zur folgenden wissenschaftlichen Studie:

Einfluss einer einjährigen Bewegungsintervention für übergewichtige und adipöse Kinder und Jugendliche auf die gewichtsbezogene maximale Sauerstoffaufnahme und die Leistungsparameter des 6-Minuten-Laufs (Kupfer, 2010, S. 32-118).

Tabelle 14: Studie 2- Effekte des Ausdauertrainings bei Übergewicht (eigene Darstellung)

Bezeichnung der Studie	Einfluss einer einjährigen Bewegungsintervention für übergewichtige und adipöse Kinder und Jugendliche auf die gewichtsbezogene maximale Sauerstoffaufnahme und die Leistungsparameter des 6-Minuten-Laufs
Autoren	Axel Kupfer
Jahr der Publikation	2010
Stichprobe	Versuchsgruppe CHILT II – 203 übergewichtige und adipöse Grundschulkinder Geschlechter: 98 Jungen, 105 Mädchen Interventionsgruppe – 40 Kinder (19 Jungen, 21 Mädchen) Kontrollgruppe – 155 Kinder (78 Jungen, 77 Mädchen) Non-Responder – 8 Kinder (1 Junge, 7 Mädchen) Alter: 8,0±1,3 Jahre Körpergröße: 1,36±0,1 m Gewicht: 41,8±10,5 kg BMI: 22,13±3,13 kg/m² BMI-SDS 1,90±0,45 Versuchsgruppe CHILT III – 194 ausschließlich adipöse Kinder und Jugendliche Geschlechter: 100 Jungen, 94 Mädchen Interventionsgruppe – 123 Kinder (60 Jungen, 63 Mädchen) Kontrollgruppe – 46 Kinder (29 Jungen, 17 Mädchen) Non-Responder – 9 Kinder (8 Jungen, 1 Mädchen) Alter: 11,8±2,3 Jahre Körpergröße: 1,57±0,12 m Gewicht: 74,3±19,85 kg BMI: 29,6±4,83 kg/m² BMI-SDS 2,47±0,48 (Kupfer, 2010, S. 32-34).
Aufbau	Es werden neben anthropologischen Daten der Bauch-/Hüftumfang, Blutdruck, spiroergometrische Ausdauerleistungsfähigkeit (fahrradergometrisch) und die motorische Leistungsfähigkeit mit Hilfe eines 6-Minuten-Laufes ermittelt. Zwischen den Tests sind entsprechende Pausen vorgesehen. (Kupfer, 2010, S. 37-47). Mit der CHILT II Gruppe wird eine Intensivprävention von September 2003 bis Juni/Juli 2004 durchgeführt. Mit der CHILT III Gruppe wird ein Therapieprogramm an der DSHS von September 2003 bis Mitte Juli 2004 durchgeführt (Kupfer, 2010, S. 16-21). Untersucht wird, welchen Einfluss die Programme auf die Ausdauerleistungsfähigkeit übergewichtiger und adipöser Kinder und Jugendlicher hat. Hierbei steht der Zusammenhang zwischen der gemessenen relativen maximalen Sauerstoffaufnahme und der 6-Minuten-Lauf als Leistungsparameter im Fokus (Kupfer, 2010, S. 21).

	Ergebnis: CHILT II: Der BMI in der Interventionsgruppe stieg weniger an als in der Kontrollgruppe. Die BMI-SDS Reduktion ist hingegen signifikant zur Kontrollgruppe. Im Vergleich zur Kontrollgruppe kam es zu einer Reduktion des Körperfettanteils. Es gab eine Drop-Out Rate von etwa 10 Prozent (Kupfer, 2010, S. 102-106). **Ergebnis: CHILT III:** Das Körpergewicht der Interventionsgruppe stieg weniger an als in der Kontrollgruppe. Der BMI hingegen reduzierte sich, wobei dieser in der Kontrollgruppe anstieg. Der BMI-SDS reduziert sich in der Interventionsgruppe um 0,19±0,27, in der Kontrollgruppe um 0,05±0,14. Adipöse Kinder profitierten von der Maßnahme mehr als übergewichtige Kinder. Geringe Abbruchquote von 3,1 Prozent (Kupfer, 2010, S. 107-109).
Ergebnisse	**Ergebnisse Laufleistung und Spiroergometrie:** Es wurde kein signifikanter Unterschied in der Laufleistung zwischen den Gruppen festgestellt. Die Ruheherzfrequenz senkte sich signifikant und die maximale Leistung auf dem Ergometer stieg signifikant in CHILT II und CHILT III (Kupfer, 2010, S. 110-116). **Schlussfolgerung:** Das Interventionsprogramm sollte grundsätzlich weiter verfolgt werden. Interdisziplinäre Programme sollten weiter ausgebaut und entwickelt werden. Die Familien sollten von Anfang an mit einbezogen werden um die Drop-Out Rate in zukünftigen Programmen zu senken (Kupfer, 2010, S. 104-106). Die Maßnahmen waren zur Erhöhung der Ausdauerleistungsfähigkeit und Senkung des BMI-SDS erfolgreich und gerade der 6-Minuten-Lauf ist ein gutes Messinstrument zur Erfassung der Laufleistung und methodisches Mittel der körperlichen Selbsteinschätzung der Schüler (Kupfer, 2010, S. 116-118).

5 Literaturverzeichnis

American College of Sports Medicine (ACSM). (1998). The recommanded quantity and quality for excercise for developing and maintaining cardiorespiratory and muscle fitness and flexibility in healthy adults. *Medicine Science and Sports Exercise, 30,* 975-991.

Eifler, C. & Kettenis, L. (2017). *Studienbrief Trainingslehre II – Gesundheitsorientiertes Ausdauertraining* (Rev. 17.021.000). Saarbrücken: Deutsche Hochschule für Prävention und Gesundheitsmanagement.

Eifler, C. (2016). *Studienbrief Trainingslehre I – Gesundheitsorientiertes Krafttraining* (Rev. 16.019.000). Saarbrücken: Deutsche Hochschule für Prävention und Gesundheitsmanagement.

Froböse, I. (2005). *Running & Health. Kompendium des Laufens, Walking & Nordic-Walking.* Köln: Deutsche Sporthochschule Köln, Zentrum für Gesundheit.

Grosser, M., Starischka, S. & Zimmermann, E. (2008). *Das neue Konditionstraining.* München: BLV Sportwissen.

Häcker, R. & Reichert, M. (1994). Beeinflussung der Funktionszustände von Skelettmuskelmitochondrien durch Laktat. In D. Clasing, H. Weicker & D. Böning (Hrsg.), *Stellenwert der Laktatbestimmung in der Leistungsdiagnostik* (S. 175-187). Stuttgart: Gustav Fischer.

Hollmann, W. & Hettinger, T. (2000). *Sportmedizin – Grundlagen für Arbeit, Training und Präventivmedizin.* Stuttgart: Schattauer.

Hottenrott, K. (1997). *Ausdauertraining: intellifent, effektiv, erfolgreich.* (4. Aufl.). Lüneburg: Wehdemeier & Püsch.

Hottenrott, K. (2006). *Trainingskontrolle mit Herzfrequenz-Messgeräten.* Aachen: Meyer & Meyer.

Institut für Prävention und Nachsorge (IPN). (2004). *IPN-Test® – Ausdauertest für den Fitness- und Gesundheitssport.* Köln: Institut für Präventuin und Nachsorge.

Kindermann, W. (1983). Trainingsauswirkungen auf das Herz-Kreislaufsystem und den Stoffwechsel. In J. Forgo (Hrsg.), *Sportmedizin für alle* (S. 14-27). Schorndorf; Hofmann.

Kindermann, W., Dickhuth, H.-H., Niess, A., Röcker, K. & urhausen, A. (2003). *Spotkardiologie. Körperliche Aktivität bei Herzerkrankungen.* Darmstadt: Steinkopff.

Kupfer, Axel (2010). *Einfluss einer einjährigen Bewegungsintervention für übergewichtige und adipöse Kinder und Jugendliche auf die gewichtsbezogene maximale Sauerstoffaufnahme und die Leistungsparameter des 6-Minuten-Laufs.* Dissertation, Deutsche Sporthochschule Köln. Köln.

Lüscher, T. & Steffel, J. (2014). *Herz-Kreislauf* (2. Auflage). Austria: Springer-Verlag.

Neumann, G., Pfützner, A. & Berbalk, A. (2007). *Optimiertes Ausdauertraining* (5. Überarb. Aufl.). Aachen: Meyer & Meyer.

Paffenbarger, R. S., Wing, A. L. & Hyde, R. T. (1978). *Physical Activity of Longshoremen as related to Death from Coronary Heart Disease and Stroke. American Journal of Epidemiology, 108,* 161-175.

Pollock, M. L., Gaesser, G. A. & Butcher, J. D. (1989). The recommended quantity and quality for excercise for developing and maintaining cardiorespiratory and muscle fitness and flexibility in healthy adults. *Medicine Science and Sports Exercise, 30 (6),* 975-991.

Robert Koch Institut. (2003). *Bundes-Gesundheitssurvey: Körperliche Aktivität. Aktive Freizeitgestaltung in Deutschland*. Berlin: Springer.

Schaar, B., Thiele, C., & Moos, J. (2006). Wirksamkeit eines ambulanten Bewegungsprogramms mit adipösen Erwachsenen. in A. Ferrauti, & H. Remmert (Hrsg.): *Trainingswissenschaft im Freizeitsport: Symposium der dvs-Sektion Trainingswissenschaft vom 7.-9. April 2005 in Bochum* Czwalina. (Schriften der Deutschen Vereinigung für Sportwissenschaft; Band 157).

Sidossis, L. S., Wolfe, R. R. & Coggan, A. R. (1998). Regulation of fatty acid oxidation in untrained vs trained men during exercise. *American Journal of Physiology – Endocrinology and Metabolism, 274 (3)*, 510-515.

Skinner, J. (2001). Körperliche Aktivität und Gesundheit: Welche Bedeutung hat die Trainingsintensität? *Deutsche Zeitschrift für Sportmedizin, 52, (6)*, 211-214.

Weineck, J. (2003). *Ausdauertraining. Trainingssteuerung über die Herzfrequenz- und Milchsäurebestimmung*. Balingen: Spitta.

Ziegenfuß, T. (2014). *Notfallmedizin*. Berlin: Springer.

6 Abbildungs- und Tabellenverzeichnis

6.1 Abbildungsverzeichnis

6.2 Tabellenverzeichnis

BEI GRIN MACHT SICH IHR WISSEN BEZAHLT

- Wir veröffentlichen Ihre Hausarbeit, Bachelor- und Masterarbeit

- Ihr eigenes eBook und Buch - weltweit in allen wichtigen Shops

- Verdienen Sie an jedem Verkauf

Jetzt bei www.GRIN.com hochladen und kostenlos publizieren